Examin

¿Cuál es la Prueba de la Resurrección?

Ralph O. Muncaster

BETANIA

A menos que se señale lo contrario, todas las citas bíblicas son tomadas de la Versión Reina-Valera 1960 © 1960 Sociedades Bíblicas Unidas en América Latina. Usadas con permiso.

Otras obras de Ralph O. Muncaster:

¿Hay códigos secretos en la Biblia?
¿Puede la arqueología comprobar la exactitud del Nuevo Testamento?
¿Puede la arqueología comprobar la exactitud del Antiguo Testamento?
¿Se puede confiar en la Biblia?
Creación o Evolución
Creación o Evolución (Video)
¿Predice la Biblia el futuro?
¿Cómo sabemos que Jesús es Dios?
¿Es realmente la Biblia un mensaje de Dios?
Ciencia: ¿Estaba la Biblia adelantada a su tiempo?
¿Cuál es la prueba de la resurrección?
¿Qué pasó la mañana de Navidad?
¿Qué sucede cuando uno muere?

© 2002 Editorial Betania, Inc.
Betania es un sello de Editorial Caribe
Una división de Thomas Nelson, Inc.
Nashville, TN & Miami, FL, EE.UU.
www.caribebetania.com

Título en inglés: *What Is the Proof for the Resurrection?*
© 2000 por Ralph O. Muncaster
Publicado por Harvest House Publishers

Traductor: Miguel Mesías

ISBN: 0-88113-663-8

Reservados todos los derechos.
Prohibida la reproducción total
o parcial en cualquier forma,
escrita o electrónica, sin la debida
autorización de los editores.

Impreso en Canada
Printed in Canada

Tabla de contenido

¿Por qué investigar la resurrección? 5
El primer domingo de resurrección: Las cuestiones reales 6
El primer domingo de resurrección: Hechos históricos reales 8
El escenario histórico 10
¿Existió Jesús? 12
Documentación en manuscritos 14
Evidencia no cristiana. 16
¿Ocurrió la resurrección? 18
Evidencia arqueológica 22
Las profecías: «Prueba» estadística 24
¿Cuándo ocurrió el primer domingo de resurrección? 28
Fiestas de Israel que predecían a Jesús. 29
Las profecías de Jesús mismo 34
¿Fue física la resurrección? 36
Jesús: ¿fue Dios? 38
¿Por qué las personas rechazan a Jesús? 40
Respuestas a preguntas comunes 42
Notas. 48
Bibliografía. 48

Referencias bíblicas

Mateo 26—28: Jesús descrito como Rey

Marcos 14—16: Jesús descrito como Siervo

Lucas 22—24: Jesús descrito como Salvador

Juan 13—21: Jesús descrito como Hijo de Dios

¿Por qué investigar la resurrección?

¿Qué tal si en verdad hay un Dios?
¿Qué tal si hay un plan divino para la humanidad?
¿Qué tal si el alma o el espíritu de una persona existe por toda la eternidad?
¿Qué tal si hay un cielo y un infierno?
¿Qué tal si el ultimátum bíblico del cielo o el infierno es cierto?
¿Qué tal si entregarse a Jesús es la única respuesta para llegar al cielo?

Si estas cosas son ciertas, *comprender y aceptar el plan de Dios es el asunto singular más importante que hay que descubrir en la vida.* Es más importante que las próximas vacaciones, más importante que el próximo juego de golf, e incluso más importante que el próximo cheque de pago. Nuestra decisión respecto a ese plan nos afectará para siempre. Es una decisión que puede dar verdadera alegría aquí en la tierra. Una decisión que puede significar que «no hay más dolor ni más lágrimas» para siempre. O una decisión que puede conducir al horror eterno.

¿Esperaría Dios que aceptáramos su plan por fe? Sí y no; porque la historia nunca puede ser «demostrada». En lugar de eso, la *evidencia* es la única base para verificar los hechos históricos. ¿Existe evidencia para la resurrección? Absolutamente. *Hay mucha más evidencia para la resurrección que para cualquier otro evento individual en la historia del mundo.*

A menudo la gente no adopta una relación con Dios porque no investigan ni comprenden sus creencias. Algunas personas aprenden creencias erradas desde que nacen, las cuales nunca cuestionan objetivamente. Algunas personas andan desviadas debido a individuos que astutamente alteran los hechos y les dicen lo que quieren oír. A otros, simplemente no les importa. Sin embargo, existe abundante evidencia para la resurrección y el tremendo mensaje que trae a la humanidad. Por consiguiente, podemos rechazar a Dios por apatía, por orgullo, o por muchas otras razones. Pero no tenemos base para rechazar a Dios por falta de evidencia, si es que dedicamos tiempo para buscarla. Como dice la Biblia, los seres humanos «no tienen excusa» (Romanos 1.20).

El primer domingo de resurrección: Las cuestiones reales

La *cuestión real* de la resurrección de Jesucristo, ha sido analizada *mucho* más que cualquiera otra en la historia del mundo.

¿Existió Jesús en realidad?

1.

La existencia de Jesús es uno de los hechos mejor establecidos de la historia.

Miles de manuscritos originales que sobrevivieron los intentos de erradicación proveen mayor respaldo del que hay disponible para cualquier otro hecho histórico aceptado. Además la confirmación de los primeros mártires cristianos que vivieron en los días de Jesús es innegable (pp. 12–23).

¿De qué trata la resurrección?
2.

La esencia de la resurrección es la relación del hombre con Dios.

El hombre está separado de Dios por el pecado. Dios exige un sacrificio perfecto para redimir la relación del hombre con Él. Lo ha provisto, para los que lo aceptan, con la muerte de su Hijo unigénito. La resurrección verifica el papel de Jesús y la victoria final sobre el pecado.

El Antiguo Testamento está lleno de cientos de mensajes que preparan al hombre para Jesús y verifican su llegada (pp. 24–35).

¿Por qué importa Jesús?
3.

Gozo en la tierra y para siempre.

Fuerza para enfrentar cualquier reto.

Vida eterna con Dios.

Toda persona debe tomar la decisión de aceptar o rechazar a Aquel que con todo amor dio su vida por nosotros. El no tomar una decisión es también decidir rechazarlo. Jesús ofrece a toda persona las dádivas mencionadas anteriormente (pp. 46–47).

El primer domingo de resurrección: Hechos históricos reales

1.
La tumba vacía
La tumba estaba vacía. Jamás se halló el cuerpo de Jesús. Los enemigos con toda certeza hubieran hecho cualquier cosa para hallar el cadáver y silenciar para siempre la historia de la resurrección. La tumba estaba fuertemente resguardada para evitar el robo (pp. 18–21).

2.
Profecías bíblicas
Profecías detalladas predijeron muchos de los hechos en cuanto al Mesías (pp. 24–33):
Quién sería,
Qué haría,
Cuándo vendría,
Dónde nacería.

12.
Arqueología
Los arqueólogos piensan que han ubicado el lugar de nacimiento de Jesús. Se han descubierto otras evidencias ineludibles de la existencia de Jesús y del amplio conocimiento de la resurrección (pp. 22–23).

11.
El registro judío
Incluso personas violentamente opuestas a Jesús proveen evidencia histórica, que incluye cientos de profecías, festivales proféticos, y referencias en escritos tales como el Talmud (pp. 16–17, 29–33).

9.
El martirio de los discípulos
Once personas que *con certeza sabían la verdad* de Jesús y la resurrección, voluntariamente, e incluso con gozo, murieron por sostener el relato histórico. Esto reflejaba un esfuerzo determinado de los discípulos para asegurar que el registro histórico permaneciera intacto, a pesar de que les costaría la ejecución a la larga (p. 20).

10.
Mártires en la historia
Millones de personas, muchas de las cuales se comunicaron con los testigos oculares, voluntariamente murieron para preservar el registro histórico (pp. 20–21).

3.
La profecías de Jesús mismo

Jesús mismo profetizó detalles precisos de su muerte y resurrección. Esto sustenta su divinidad (pp. 34–35).

4.
El cambio de Pablo

Un prominente dirigente de la persecución de los cristianos dejó su riqueza, posición, y situación social una vez que encontró a Jesús resucitado. Pablo escribió una gran parte del Nuevo Testamento (p.21).

5.
Otros testigos

Muchas personas testificaron del Cristo resucitado; más de quinientas personas vieron a Jesús después de su resurrección (1 Corintios 15.6). Si la resurrección hubiera sido falsa, los relatos del evangelio que circulaban jamás hubieran resistido la prueba del tiempo (pp. 16–21).

6.
La explosión de manuscritos

Nunca antes ni después ha habido tal explosión de informes de un evento, como con el nacimiento, vida y resurrección de Jesús. El registro histórico estuvo disponible para muchos testigos oculares (pp. 12–15).

7.
La rápida formación de la Iglesia

Los eventos resultaron en la formación de la Iglesia; un cuerpo que sobrevivió la persecución más intensa y concentrada de todos los tiempos (pp. 18–21).

8.
Evidencia no cristiana

Varios escritores no cristianos registraron hechos acerca de Jesús, sus discípulos y la resurrección (pp. 16–17).

El escenario histórico

El escenario se preparó perfectamente para el primer domingo de resurrección

La situación mundial

Estabilidad política: Nunca antes ni después un porcentaje mayor del mundo ha vivido en paz bajo un solo gobierno. El Imperio Romano se había extendido para abarcar una gran porción de Europa, África y Asia. Alrededor de la mitad de los ciento treinta y ocho millones de pobladores del mundo estaban bajo el gobierno de Roma. La paz que se conocía como la *Pax romana*, admirada en toda la historia, duró doscientos años.

En el año 44 a.c. Julio César fue asesinado, y su trono pasó a su sobrino nieto Octavio, a quien se le dio el título de César Augusto. Después de derrotar a Marco Antonio y Cleopatra, Augusto gobernó desde el año 27 a.c. hasta el 14 d.C. Augusto empezó las grandes reformas de paz y ordenó un censo mundial, lo que obligó a José y a María a viajar a Belén cuando nació Jesús (Lucas 2.1).

Transporte: Por primera vez en la historia, una compleja red de carreteras y rutas marítimas hacían la transportación por todo el imperio relativamente fácil. Esto fue vital para la rápida expansión del cristianismo.

Comunicación: El mundo había sido unificado conforme aumentaba el nivel de educación, y el idioma griego *koiné* (el dialecto del Nuevo Testamento) era cada vez más común. Como resultado, fue más fácil y rápido que nunca esparcir nuevas ideas y pensamientos a través del mundo multicultural.

Belén, Nazaret y Jerusalén

Jerusalén era la ciudad más prominente del Medio Oriente. Además de ser el centro religioso y político de los judíos, era la sede regional del gobierno de Roma y la residencia de Herodes.

Nazaret se hallaba en una ruta principal de comercio que venía de los puertos de Tiro y Sidón, ambos conocidos por el vicio y la prostitución (al igual que Nazaret). La gran ciudad de Séforis, apenas a seis kilómetros de Nazaret, era la capital de Galilea en la juventud de Jesús, y estaba siendo rápidamente expandida en honor a su nuevo dirigente, Herodes Antipas. Como carpinteros, José y Jesús casi con certeza pasaron tiempo allí. (Las excavaciones en Séforis están lejos de completarse.)

Belén de Judea era una población rural pequeña, ubicada a unos pocos kilómetros al sur de Jerusalén. Incluso en los días de Jesús, Belén tenía suma importancia por ser el lugar de la sepultura de Raquel (esposa de Jacob), el lugar del cortejo entre Rut y Booz, y el lugar de nacimiento del rey David.

¿Crucifixión el viernes o el jueves?

Algunos quieren «forzar» la crucifixión al viernes debido a las referencias al sabat la noche después de la muerte de Jesús (que normalmente empezaba el viernes al anochecer). El viernes es una opción, pero Juan 19.31 aclara que el sabat próximo era el «sabat *especial*», que siempre ocurre el día después de la Pascua. Así que una crucifixión el jueves tendría tanta validez como si ocurriera el viernes.

Una cuestión clave en el debate es la propia profecía de Jesús que «como Jonás» estaría (muerto) «tres días y tres noches» (Mateo 12.40). La crucifixión el jueves parece cumplir mejor esta profecía. Sin embargo, los modismos que se usaban en ese tiempo también permiten la crucifixión el viernes, y dan por sentado que la referencia fue a los días viernes, sábado y domingo.

¿Existió Jesús?

Virtualmente todas las religiones principales, incluso las que se oponen a Jesucristo, reconocen su existencia. Por cientos de años la existencia de Jesús fue aceptada tan ampliamente como se acepta hoy la existencia de Abraham Lincoln. Sólo en la historia relativamente reciente algunos la han puesto en tela de duda. Posiblemente en unos cientos de años más se pondrá igualmente en tela de duda la existencia de Lincoln.

Registros cristianos históricos[4]

La magnitud del registro cristiano sobresale mucho más que cualquier otro historial de cualquiera que haya vivido en este planeta. Los manuscritos antiguos existentes exceden los veinticuatro mil. El más temprano se escribió menos de veinticinco años después de la muerte de Jesús. Ninguna obra de la antigüedad se acerca siquiera a la credibilidad documentaria de la Biblia, aun al incluir *todas* las obras que aceptamos como hechos históricos. Algunos ejemplos son:

Principales manuscritos existentes	Registros más antiguos	Desde el evento hasta el primer manuscrito que existe
Julio César: Guerras Gálicas	10	1000 años
Plinio el joven: Historia	7	750 años
Tucídides: Historia	8	1300 años
Herodoto: Historia	8	1300 años
Homero: Ilíada	643	500 años
(Segundo escrito más prevaleciente)		
El Nuevo Testamento	más de 24.000	25 años

Lo vasto del número de relatos de la resurrección es particularmente extraordinario al considerar que:

1. *Jesús no ocupó ningún cargo de importancia pública.* No fue ni rey, ni dirigente religioso, ni general. En lo que respecta a Roma, Jesús procedía de un pueblo pequeño y distante, y era un carpintero humilde con escasos

tres años de ministerio. *Roma casi ni le conoció,* sino hasta más tarde, cuando el testimonio de los testigos oculares amenazó la estabilidad política así como religiosa.

2. *Los registros sobrevivieron los más intensos esfuerzos de erradicación de todos los tiempos.* En números que crecieron rápidamente, a los testigos cristianos los ejecutaron, los registros escritos los quemaron, y se ejecutó a cualquiera que profesara creer en el cristianismo. En el año 303 d.C. se decretó un edicto para que se destruyeran todas las Biblias del mundo. Se mataba a cualquier persona a quien se hallaba con una Biblia.

3. *No había prensa impresa, y la población del mundo era poca.* El número de manuscritos tempranos que sobreviven es absolutamente pasmoso al considerar que todos fueron *copiados a mano* por una población base mucho más pequeña. En ese tiempo existían sólo ciento treinta y ocho millones de personas, sin ningún método automático de duplicación de la palabra impresa. ¿Qué los motivó a un trabajo tan extensivo?

¿Fue la increíble *cantidad* y *supervivencia* del registro cristiano un milagro, o simplemente una expansión sin sentido de un mito? ¿Por qué ninguna otra religión, con líderes más prominentes, con ministerios de toda una vida, y con menos persecución, ha producido evidencia similar? Algo *trascendental* ocurrió.

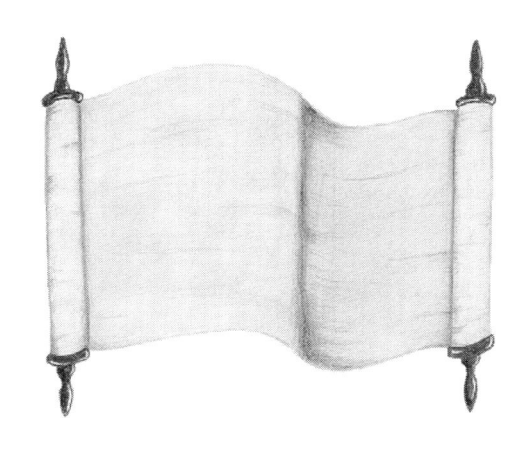

Documentación en manuscritos

El cargo de escriba judío era uno de los trabajos más exigentes y apreciados de los tiempos bíblicos. Después de prepararse por años, se les permitía a los escribas ejercer su profesión sólo después de cumplir los treinta años. A menudo se les llamaba doctores de la Ley, y trabajaban junto a los sacerdotes judíos en la enseñanza de la Ley.

Reglas para copiar las Escrituras[4]

El registro de las Sagradas Escrituras era una responsabilidad seria. Era tan importante la reproducción exacta que los escribas del Antiguo Testamento estaban obligados a adherirse a reglas exigentes cada vez que copiaban un manuscrito:

1. Rollos: Se exigía papel especial, tinta, y preparación de la superficie.

2. Especificaciones estrictas: Número específico de columnas, treinta y siete letras por columna.

3. Uso del rollo maestro: No se permitía copiar de una copia.

4. Cada letra confirmada visualmente: No escritura de frases.

5. Distancia entre letras verificadas con hilo.

6. Alfabeto: Cada letra contada y comparada al original.

7. Contar las letras por página y compararlas con el rollo maestro.

8. Verificar que la letra de la mitad del rollo fuera la misma que en el rollo maestro.

9. Un error: Se destruía el rollo (por ejemplo, rollos maestros).

Prueba de autenticidad

Sin que sea sorpresa, los que critican a la Biblia, especialmente los que tienen conocimiento de los milagros de la profecía, aducen que la Biblia fue cambiada, alterada y de alguna manera tratada descuidadamente. Comúnmente algunos aseveran que la Biblia estuvo bajo control de la Iglesia Católica Romana, la cual aparentemente tuvo «oportunidad y motivo» para cambiar las Escrituras según convenía a su propósito. Estos críticos no ven algunos hechos claves. Hay dos grupos de registros indisputables que tiene la humanidad en posesión hoy, que *no* fueron controlados históricamente por la iglesia cristiana, y que verifican la autenticidad del mensaje contenido en las palabras de la Biblia que leemos hoy:

La Septuaginta

Casi trescientos años antes de Cristo el mundo se estaba acostumbrando tanto al griego que el idioma hebreo comenzaba a «perderse». Se consideró mucho más importante traducir la Biblia a un idioma común que tratar de enseñar hebreo a todo el mundo. Se reunió un grupo de setenta eruditos escogidos para que tradujeran las Escrituras al griego. El resultado fue un documento llamado la Septuaginta (que quiere decir «setenta»), compilado alrededor del año 250 a.c. (Varias copias se hicieron mediante los métodos de escribas indicados anteriormente.) Hoy tenemos todavía copias de las primeras traducciones. El mensaje de la Septuaginta es consistente con la Biblia.

Los rollos del Mar Muerto

Cualquier duda respecto a la transmisión exacta de los manuscritos quedó borrada en 1947 con el descubrimiento de cientos de rollos sepultados en cuevas por casi dos mil años. Muchos fueron escritos antes del año 100 a.C. La comparación de los libros bíblicos con copias judías recientes muestran que virtualmente no hay ningún cambio en palabras y ni siquiera en letras.

Evidencia no cristiana

Existen muy pocos registros escritos *de algunas cosas* en la historia del período entre los años 30 y 60 d.C. Se ha dicho que todas las obras de los años 50 al 60 d.C. pudieran caber entre dos piezas para apoyar los libros separadas como treinta centímetros. [4] La matanza de cristianos que Nerón ordenó en el año 64 d.C. llevó a escritores no cristianos a escribir sobre Jesús.

Talo (cerca del 52 d.C.): Obra histórica mencionada por Julio el africano. Explica la oscuridad en el momento de la muerte de Cristo como un eclipse solar. Aun cuando un eclipse no ocurrió en ese tiempo (como indica Julio el africano), la referencia a la muerte de Jesús es indicada como un hecho cierto.

Josefo (cerca del 64-93 d.C.): Este historiador judío menciona a Jesús, sus milagros, su crucifixión y a sus discípulos. También menciona a Santiago, «hermano de Jesús, llamado el Cristo», y a Juan el Bautista.

Cornelio Tácito (64-116 d.C.): Al escribir para disuadir los rumores de que Nerón había causado el gran incendio de Roma en el año 64 d.C., se refiere a los cristianos como seguidores de «Cristus», quien «había recibido la pena de muerte en el reinado de Tiberio, por sentencia del procurador Poncio Pilato». A la resurrección la llamaba «la superstición perniciosa».

Plinio el joven (cerca del 112 d.C.): Como gobernador de Bitinia (Asia Menor) pidió dirección de Roma respecto a la prueba apropiada a la cual someter a los cristianos antes de

Escritos de rabinos judíos

Varios pasajes del Talmud y otros escritos judíos se refieren claramente a Jesucristo.

- «Colgamiento» (en una cruz) de Jesús en vísperas de la Pascua (escrito: cerca del 40-180 d.C.).

- Identificación de Jesús y los nombres de cinco de los discípulos.

- Sanidad en el nombre de Jesús.

- Mofa de la «afirmación» del nacimiento virginal, e implicación de «ilegitimidad».

ejecutarlos. (Si renunciaban a la fe, maldecían a Jesús y adoraban la estatua del emperador Trajano, debían ser puestos en libertad.)

Adriano (cerca del 117-138 d.c.): En respuesta a preguntas sobre el castigo de los cristianos que alejaban a la gente de los dioses paganos, lo cual afectaba la venta de ídolos, Adriano dijo que debía «examinárseles» sobre su fe (respuesta similar a la de Plinio el joven).

Suetonio (cerca del 120 d.C.): Historiador que escribió sobre los eventos ocurridos desde el final de la década del 40 hasta la del 60 d.c., que identifica a Cristo, la «superstición novelera y maliciosa» de la resurrección y el hecho de que los cristianos eran ejecutados por Nerón.

Flegón (cerca del 140 d.C.): Mencionado por Julio el africano y Orígenes, refiriéndose al «eclipse», el terremoto, y las profecías de Jesús.

Luciano de Samosata (cerca del 170 d.C.): El escritor satírico griego Luciano escribió sobre los cristianos, Cristo, la crucifixión, los mártires cristianos y las «creencias novedosas».

Mara Bar-Serapion (cerca del 70 d.C. o después): Filósofo sirio que escribió desde la prisión a su hijo y comparó a Jesús con Sócrates y Platón.

¿Ocurrió la resurrección?

Como indican las páginas anteriores, la crucifixión de Jesús es algo especialmente bien documentado y aceptado como un hecho. La pregunta crucial entonces llega a ser: ¿Resucitó Jesús de los muertos, y demostró así su afirmación de ser Dios encarnado? O ¿le ocurrió algo diferente a su cuerpo? ¿Acaso nunca murió, después de todo?

Una clave para este asunto es la extrema *importancia local* que se le dio al proceso de esta ejecución. La predicación poderosa e incisiva de Jesús, y sus muchos milagros, habían llevado al populacho a pedir que se le hiciera rey. Esto empezó a amenazar la estabilidad política de los romanos y el poder religioso de los dirigentes judíos a quienes Jesús abiertamente había criticado. Eran cruciales tanto la muerte absoluta de Jesús como la protección contra un fraude, puesto que Jesús había aducido que vencería a la muerte. Todavía más, ya había levantado a otras personas de los muertos. Como resultado, se tomaron todas las precauciones debidas para asegurar su cuerpo (Mateo 27.62-66).

La Biblia implica que la causa de la muerte de Jesús fue un paro cardíaco, indicado por la sangre y el agua que salió por la herida de la lanza (expertos médicos confirman esto). Para asegurar su cuerpo se colocó una guardia romana fuera de la tumba. Esta guardia consistiría en dieciséis soldados, con una rotación disciplinada para dormir por la noche (cada cuatro horas, cuatro soldados rotaban). Todos los guardias enfrentaban la rígida pena de muerte romana, la crucifixión, si se quedaban dormidos fuera de su turno asignado o si desertaban su lugar. La idea de que todos los guardias se quedaron dormidos, si consideramos la pena de muerte, es especialmente irrazonable. Para mayor seguridad todavía, se rodó una piedra de dos toneladas frente a la tumba [4], y se puso encima el sello de Pilato. Romper el sello sin la aprobación oficial romana significaba la crucifixión cabeza abajo. La cuestión central, inexplicable por parte de los dirigentes judíos, especialmente a la luz de tantas precauciones es:

¿Qué le sucedió al cuerpo de Jesús si no resucitó de los muertos como indican los relatos de los Evangelios?

La explicación oficial fue que los discípulos se robaron el cuerpo mientras los guardias dormían (con los sacerdotes protegiendo a los guardias ante el gobernador). Esta historia fue necesaria sólo porque *nadie pudo presentar el cadáver de Jesús,* lo que hubiera detenido para siempre la historia de la resurrección. No es siquiera remotamente posible que se hubieran robado el cuerpo de Jesús dado que:

1. *Todos los dieciséis guardias habrían corrido el riesgo de ser crucificados* por haberse dormido al estar de guardia o por haber desertado. De seguro que por lo menos un guardia habría estado despierto.

2. *Los discípulos estaban en un estado de choque, temor y caos,* al haber visto a su Maestro crucificado. ¿Es razonable pensar que rápidamente fraguaron un brillante plan y lo ejecutaron impecablemente el día de reposo o sabat?

3. *¿Qué motivo podrían haber tenido los discípulos?* Si Jesús no era el Hijo de Dios como aducía ser, robarse el cuerpo habría creado una mentira sin ningún beneficio aparente, y una muerte *sin propósito alguno* para los discípulos.

Análisis de otras explicaciones

- ¿Murió Jesús en realidad? La crucifixión era más habitual y era una muerte más prolongada, más visiblemente atroz que lo que la silla eléctrica es hoy. ¿Es probable que los verdugos profesionales no supieran distinguir la muerte? La herida final con la lanza al área del corazón fue para asegurarse que había ocurrido la muerte. Debido a la amenaza política tenían que tener certeza. Si Jesús no estaba muerto, ¿cuáles eran las probabilidades de que una persona casi sin vida pudiera mover una piedra de dos toneladas desde adentro de la tumba y escapar sin que lo notara una guardia romana en pleno?

- *¿Se robaron el cuerpo de noche?* Si reconocemos que no tenían a su disposición ni linternas de mano ni sensores infrarrojos, ¿es probable que una banda de discípulos asustados, que llevaban antorchas, pudiera pasar ante una guardia romana en pleno y mover una piedra de dos toneladas sin que lo notaran? Todavía más, el sabat limitaba grandemente el movimiento. Y, de nuevo, ¿por qué motivo?

Testigos oculares de la verdad murieron por sostener la historia

El martirio por una creencia no es único. Pero, ¿qué clase de persona moriría por una mentira *sabida*? ¿Algún desquiciado? ¿Enfrentarían *todos* los discípulos la adversidad y la muerte por una mentira sabida? Los discípulos estuvieron con Jesús constantemente por tres años. Ciertamente habrían sabido la verdad de la resurrección. Mentir no tendría ningún propósito, puesto que el ministerio de Jesús entonces quedaría reducido a nada. Sin embargo, los registros históricos e informes sobre los discípulos indican que todos tuvieron una muerte cruel por sus creencias (excepto Juan). A Santiago lo *lapidaron,* Pedro lo *crucificaron* cabeza abajo, Pablo lo *decapitaron,* Tadeo lo ejecutaron con *flechas,* Mateo y Jacobo (Zebedeo) enfrentaron *la muerte por la espada,* y a otros creyentes los *crucificaron.*

El testimonio de las catacumbas

Debajo de Roma se hallan unos mil quinietos kilómetros de cuevas labradas en donde fueron sepultados unos siete millones de cristianos, ejecutados por su creencias. Otros creyentes se escondieron y adoraron en estas cuevas durante el apogeo de la persecución de los cristianos. Las inscripciones más tempranas conocidas de estas paredes datan del año 70 d.C. Algunos de los primeros ocupantes probablemente se comunicaron directamente con testigos oculares de Jesús. Desde aproximadamente el año 400 d.C. las catacumbas estuvieron sepultadas y «olvidadas» por más de mil años. En 1578 se descubrieron nuevamente por accidente. Hoy se pueden ver como memoriales silenciosos de muchos que murieron antes que maldecir a Jesús o postrarse ante una estatua del emperador. Los mártires cristianos difieren de otros mártires del mundo en hechos históricos que *fueron el cimiento de sus creencias, hechos verificables en ese tiempo, y no simplemente ideas.*

Testigos hostiles se convierten en cristianos

Pablo, ejecutor principal de cristianos, dejó su riqueza, poder y comodidad cuando vio al Cristo resucitado, y luego escribió la mayor parte del Nuevo Testamento. Dos miembros del sanedrín (que no estaban presentes cuando el sanedrín sentenció a Jesús a la muerte) eran discípulos en secreto. Los hermanos naturales de Jesús que no creían más tarde se convirtieron en creyentes *después de la resurrección.*

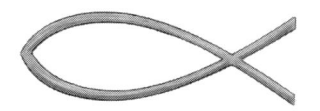

Evidencia arqueológica

Los arqueólogos han descubierto sustanciales evidencias que respaldan muchos detalles de la vida de Jesús. Algunos ejemplos incluyen:

Evidencia indirecta de la resurrección [2]

En osarios (cofres de huesos) hallados en una tumba sellada fuera de Jerusalén en 1945, se halló evidencia de que la gente del tiempo de Jesús creía en la resurrección. Dentro de los osarios se hallaron monedas acuñadas alrededor del año 50 d.C., lo que fecha el entierro alrededor de veinte años después de la crucifixión de Jesús. Las marcas son claramente legibles, y comprenden varias afirmaciones que reflejan el conocimiento de la capacidad de Jesús para vencer la muerte. Ejemplos de las inscripciones (en griego) de esperanza a favor de sus seres queridos fallecidos incluyen: «Jesús: Ayúdalo» y «Jesús: Resucítalo». Los ataúdes también contienen varias cruces, claramente trazadas con carbón. Esto es una poderosa evidencia de que los primeros cristianos creían en la capacidad de Jesús para triunfar sobre la muerte. También vincula la idea de la victoria sobre la muerte con la cruz.

Antes de la resurrección «robar tumbas» no se consideraba una ofensa seria. La resurrección cambió eso. Una inscripción hallada en una tumba en Nazaret advierte que cualquiera que fuera hallado robando una tumba recibiría la pena de muerte. Los eruditos opinan que la inscripción se talló lo mas temprano en el gobierno de Tiberio (cerca del 37 a.C.) y lo más tarde en el de Claudio (41-54 d.C.). En este último caso, habría sido poco después de la crucifixión. Naturalmente, el lugar natal de Jesús, Nazaret, sería una ciudad obvia de «interés» para los funcionarios.

¿Manto sepulcral de Jesús?

Muchos creen que un manto sepulcral (el manto de Turín) fue el manto sepulcral real de Jesús (Mateo 27.59; Marcos 15.46; Lucas 23.53).

Algunas cosas que respalda su autenticidad son:

1. Las pruebas confirman un tipo de fibra y pequeñas partículas de caliza únicas de la región.
2. Confirmación de sangre, en las heridas precisas como indican los relatos de la ejecución singular de Jesús.
3. Confirmación de la crucifixión como causa probable del tipo de imagen creada; que es compatible con un cadáver.
4. Monedas en los ojos fechadas alrededor del tiempo de la crucifixión de Jesús.

Algunos expertos han podido crear una imitación de la imagen del manto mediante el uso de tecnología actual. Algunos piensan que todo esto es un complejo fraude que surge en el siglo catorce. La cuestión final de su uso por Jesús, sin embargo, nunca se sabrá con certeza.

El lugar de nacimiento de Jesús [5]

Para nosotros un «establo» es un tipo de galpón de madera fuera de una casa. En los días de Jesús los establos se hallaban a menudo dentro de los patios de las casas, o en cuevas afuera. El sitio real que se cree que fue el «establo» del nacimiento de Jesús se identificó relativamente poco después de su resurrección. Autores antiguos (Jerónimo y Paulino de Nola) indican que se «marcó» alrededor del tiempo de Adriano (cerca del 20 d.C.). Los arqueólogos nunca lo han disputado con seriedad. El sitio es una cueva ubicada debajo de la Iglesia de la Natividad, en Belén.

Las profecías: «Prueba» estadística

Aun cuando la historia nunca puede ser «demostrada», matemáticos y científicos ven con frecuencia como prueba la probabilidad estadística enorme. Desde el punto de vista estadístico la intervención de Dios en la vida de Jesús es «cierta».

Como ya se indicó, las profecías contenidas en el Antiguo Testamento se escribieron mucho tiempo antes de Jesús. Los Rollos del Mar Muerto proveen evidencia irrefutable de que estas profecías no han sido alteradas con el correr de los siglos. De las cuatrocientas sesenta y nueve profecías contenidas en el Antiguo Testamento que debían cumplirse, cuatrocientas sesenta y siete han sido verificadas (no tenemos registro del cumplimiento de dos de ellas). Tal vez las profecías más fascinantes son las que se refieren a Jesús.

Quién	Antepasados de Jesús en la profecía:
David	2 Samuel 7.12–16; Jeremías 23.5
Isaí	Isaías 11
Judá	Isaías 11
Jacob	Génesis 35.10-12; Números 24.17
Isaac	Génesis 17.16; 21.12
Abraham	Génesis 12.3; 22.18
Sem	Génesis 9.26,27; 10

Qué	
Nacimiento virginal	Isaías 7.14
Nacimiento del Salvador eterno	Isaías 9.6,7

Nacimiento del Salvador eterno	Isaías 9.6,7
Salvador de judíos y gentiles	Isaías 49.6
Obrador de milagros	Isaías 29.18,35.5,6
Rechazado por los judíos	Isaías 53.1-3, Salmo 118.22; Mateo 21.42-46

Cuándo

Profecía de la fecha del Domingo de Ramos	Daniel 9.20-27; aún cuando es compleja mientras no se la entienda, esta profecía hecha alrededor del año 535 a.c. predecía la entrada final de Jesús a Jerusalén *al dedillo*. La profecía indica:

Las «setenta semanas» de Daniel

- Sesenta y nueve períodos de siete (años) pasarán desde el decreto para reedificar Jerusalén hasta la venida del «Ungido» (*Mesías*, en hebreo). Esto fecha la entrada de Jesús a Jerusalén en el Domingo de Ramos.

- Después de ese tiempo el Ungido será cortado (en hebreo: *yicaret*, que quiere decir un fin súbito, violento: Crucifixión).

- Y después de ese tiempo la ciudad y el templo serán destruidos.

Profecía: Daniel, hebreo, recibió la revelación profética en el año 535 a.c. Si usamos la definición *hebrea* de un año (360 días) hallamos:

69 veces 7 años = 173.880 días

El decreto para reconstruir Jerusalén fue dictado por Artajerjes el 14 de marzo del 445 a.c. (primer día de nisán de ese año; Nehemías 2.1-6). Al usar el calendario *real* de 365 días, junto con ajustes por años bisiestos y el ajuste científico final (el año bisiesto no tiene lugar cada 128 años), hallamos que este número de días nos lleva precisamente al 7:

6 de abril del 32 d.C.

Historia: El ministerio de Jesús comenzó en el *año quince* de Tiberio César (Lucas 3.1), cuyo reino empezó en el 14 d.c. Un análisis cronológico del ministerio de Jesús muestra tres años que conducen a la semana final, en el 32 d.C.

El Observatorio Real de Greenwich, Inglaterra, *confirma que el domingo antes de la Pascua ese año fue el* . . .

6 de abril del 32 d.C.

Otros elementos de la profecía se cumplieron igualmente:

- A Jesús lo crucificaron tres días y medio más tarde.

- Los romanos destruyeron la ciudad y el templo en el 70 d.C.

Dónde

Ciudad precisa del nacimiento de Jesús — La Biblia (Miqueas 5.2) especificaba que Jesús nacería en Belén, en Efrata (es decir, Judea; había otra Belén más cerca de la residencia de José en Nazaret).

Otras profecías

- Un rey cabalgando sobre un asno (Zacarías 9.9)
- Sufrimiento, rechazo (Isaías 53.1-3)
- Crucificado, atravesado (Salmo 22.16)
- Echaron suertes por su ropa (Salmo 22.18)
- Ningún hueso roto (Salmo 22.17)
- Se le da hiel y vinagre (Salmo 69.20-22)
- Atravesado con una lanza (Zacarías 12.10)
- La posteridad le sirve (Salmo 22.30)
- Traicionado por un amigo (Salmo 41.9)
- Traicionado por treinta monedas de plata (Zacarías 11.12)
- La plata arrojada en el suelo del templo se usó para comprar el campo del alfarero (Zacarías 11.13)

Profecía asombrosa

Los expertos en estadísticas estiman que la probabilidad de que todas estas profecías se cumplan en *algún hombre* es una entre 10^{99} (menos que la probabilidad de seleccionar correctamente un electrón en toda la materia del universo, o esencialmente cero *sin la intervención divina*).[4]

¿Cuándo ocurrió el primer domingo de resurrección?

Los eruditos en historia concuerdan en que *cualquier fecha* de *cualquier evento* en la historia antigua está sujeta a incertidumbre. Hay más información respecto a la fecha de la muerte de Jesús que a cualquier otra fecha en la historia antigua. Sin embargo, debido a que la fecha también está vinculada a otros eventos históricos, cuyas fechas son inciertas, existe alguna variación de opinión. Unos pocos eruditos han identificado fechas alternas que también parecen ajustarse a los hechos históricos y bíblicos dentro de los límites de la incertidumbre histórica. 3 La investigación indica que la fecha más probable para el primer domingo de resurrección es:

Domingo, 13 de abril del 32 d.C.

Los hechos que definen la fecha de la resurrección son bastante directos. El ministerio de Jesús empezó en el año quince de Tiberio César (Lucas 3.1), cuyo reino históricamente se da por sentado que empezó en el año 14 d.c. El ministerio de Jesús duró un poco más de tres años, conduciéndolo a la Pascua final. Por consiguiente, el año sería el 32 d.C. (14 d.C. + 15 años + 3 años). El Observatorio Real de Greenwich, Inglaterra, indica que la fecha real del día de Pascua ese año fue jueves, 10 de abril del 32 d.C. Por tanto, a Jesús lo crucificaron la mañana del 10 de abril y puesto en una tumba *antes de la caída de la noche* cuando empezaba el sabat especial, el primer día de la Fiesta de los Panes sin Levadura. (En el concepto judío, *el día empezaba a la caída del sol del día anterior.* [7])

La primera Semana Santa abril 32, d.C.

					viernes 4	sábado 5
					Jesús: en Betania con Lázaro	Sabat
domingo 6	lunes 7	martes 8	miércoles 9	jueves 10	viernes 11	sábado 12
Entrada triunfal del Domingo de Ramos	Limpia el templo	Confrontación con fariseos	Última Cena al anochecer: Pascua	Crucifixión Pascua	Sabat especial Fiesta de los Panes sin Levadura	Sabat
domingo 13 Resurrección						

Nota: Aun cuando los eruditos pueden discutir las fechas precisas de los eventos antiguos, la evidencia abrumadora que valida estos eventos y la secuencia nunca ha sido puesta en tela de duda.

Fiestas de Israel que predecían a Jesús

Siglos antes de Cristo, Dios ordenó siete fiestas específicas que se debían celebrar (Levítico 23). Las primeras tres fiestas son un paralelo perfecto del papel redentor de Jesús. La cuarta, Pentecostés, tiene que ver con la edad de la Iglesia, y las tres fiestas finales se relacionan con la Segunda Venida de Cristo. Como muchas profecías en la Biblia, las fiestas tenían tanto un significado histórico como un significado profético. Irónicamente, hoy millones de judíos celebran anualmente fiestas que están simbólicamente ligadas al Cristo que muchos judíos rechazan.

Tiempo de las fiestas

Dios le ordenó a Moisés que hiciera el mes de nisán el primero del año (Éxodo 12.2). Tres «nuevos comienzos» claves tuvieron lugar durante el mismo período de festival en nisán:

1. *El arca de Noé* reposó: 17 de nisán (Génesis 8.4)

2. *Israel* libertado como nación: 14 de nisán (Éxodo 12.51)

3. *Jesús* crucificado y resucitado: 14, 17 de nisán

Calendario judío
(meses)

1. Nisán	7. Tishri
2. Iyar	8. Markjeshván
3. Siván	9. Quisleu
4. Tamuz	10. Tebet
5. Ab	11. Shebat
6. Elul	12. Adar

Fiestas de primavera
Pascua . . . . 14 de nisán
Panes sin levadura 15-21 de nisán
Primicias . . día después del sabat
Pentecostés. . . . . 50 días después de las Primicias

Fiestas de otoño
Trompetas . . . . 1 de tishri
Expiación . . . . 10 de tishri
Tabernáculos . . . . . . 15 de tishri

Pascua (Éxodo 12)

Establecida originalmente para recordar a los hebreos la liberación divina de la esclavitud en Egipto (el éxodo descrito por Moisés), la Pascua tiene muchos vínculos directos con Jesús:

Pascua: Salvación de la muerte física

- Pascua: 14 de nisán
- Selección del cordero: 10 de nisán (Éxodo 12.3)
- El cordero debía ser perfecto, sin defecto (Éxodo 12.5)
- La sangre del cordero salva a los que la usan
- No se debía romper ningún hueso del cordero (Éxodo 12.46)

Cena Pascual

- Observada por la familia judía (Éxodo 12.3)
- «Para recordar» el don divino de la salvación (Egipto)
- El pan partido, sin levadura: significa humildad y la «dádiva» de Dios a su pueblo, independientemente de su condición
- Las hierbas amargas: «la amargura» de la esclavitud en Egipto
- Tercera copa de vino, la copa de la «redención», representaba la sangre del cordero: La bendición de Dios
- Vino mezclado con agua tibia: Significaba «la sangre del cordero sacrificial»
- El cordero sacrificial debía ser el último alimento que se comía: Se debía consumir todo el cordero, y quemarse lo que sobrara

> **¿Sabía usted?**
>
> *Juan el Bautista* fue el primero en reconocer a Jesús como «el cordero sacrificial» el día después de que bautizó a Jesús (Juan 1.29).

Crucifixión: Salvación de la muerte espiritual

- Crucifixión : 14 de nisán •
- Selección de Cristo: 10 de nisán (Domingo de Ramos) •
- Cristo perfecto, sin pecado (1 Pedro 1.19) •
- La sangre de Cristo salva a los que la aceptan •
- No se rompió ningún hueso de Cristo (Juan 19.36) •

La Cena del Señor

- Observada por la «familia» de Cristo •
- «Para recordar» el don divino de la salvación (eterna) •
- El pan partido, sin levadura: Significa a Cristo humilde, sin pecado; el Don sacrificial de Dios para todos los que lo aceptan •
- Hierbas amargas: La «amargura» de la esclavitud al pecado •
- Tercera copa de vino, la copa de la «redención», representaba la sangre de Cristo: La bendición de Dios •
- La sangre de Cristo mezclada con agua (Juan 19.34): «Evidencia final» del sacrificio de Cristo •
- Cristo partió el pan después del cordero: nueva ordenanza que mostraba que Él superaba el sacrificio tradicional •

Fiesta de los Panes sin levadura

Esta fiesta, ligada directamente a la Pascua, empieza al día siguiente, el 15 de nisán. Comienza como un «día muy santo» (un sabat especial) y dura por siete días. Muchos judíos simplemente la consideran como parte de la celebración de la Pascua. La levadura, símbolo del pecado, estaba prohibida durante la fiesta; presumiblemente para recordar a los hebreos la pureza moral que debía seguir a la liberación de Egipto.

Ahora que comprendemos la plena significación de la crucifixión de Cristo, podemos comprender mejor el simbolismo final de la fiesta. Los que aceptan el sacrificio de Cristo (representado por la Pascua) pueden recibir inmediatamente libertad de la esclavitud del pecado con el perdón ofrecido por Dios.

Fiesta de las Primicias

La fiesta original se designó por Dios para ser «el día después del sabat (sábado)» después de la Pascua (Levítico 23.9-11). Este fue el tiempo exacto del día de la resurrección («primer Domingo de Resurrección»). Tradicionalmente la fiesta debía celebrar la nueva cosecha, las primicias de la «nueva vida» nacida en la primavera. Reconoce la bendición de Dios al presentarle a Dios ofrendas.

Ahora podemos reconocer el significado final de la celebración de las Primicias como celebración anticipada de la resurrección. Varios aspectos son significativos:

> *Primero:* los sacerdotes mecían una gavilla de grano ante el Señor (Levítico 23.10), no una sola espiga. Representaba la cosecha entera, que pertenecía toda a Dios. Con un sacrificio *muchos* pueden ser salvos por medio de Cristo . . . *todos* son beneficiados.

Segundo: la ofrenda tenía que ser aceptada por el Padre (Levítico 23.11). Jesús también reconoció que tenía primero que «ascender» al Padre para ser recibido, antes de que la gente se apropiara de Él (Juan 20.16,17).

Tercero: La fiesta de la Primicias celebra la *vida nueva*. De la misma manera, aceptar el sacrificio de Cristo y su triunfo sobre la muerte significa *vida nueva*.

Fiesta de las Semanas: Pentecostés

Esta fiesta tenía lugar exactamente cincuenta días después de las Primicias (Levítico 23.15). Exactamente cincuenta días después de la resurrección la «edad de la Iglesia» fue introducida tanto a judíos como a gentiles con el derramamiento del Espíritu Santo (Hechos 2). Las implicaciones proféticas incluyen:

- *Dos panes:* Este sacrificio representaba a las dos partes componentes de la Iglesia: judíos y gentiles, que eran reconciliados ante Dios (Levítico 23.17).

- *Pan leudado:* Este fue un mandamiento al parecer extraño si consideramos que se decía que la levadura representaba el pecado y estaba excluida de todas las demás fiestas. Sugiere que aun libertados por medio de Cristo de la esclavitud del pecado, no somos nunca inmaculados.

Otras fiestas

Trompetas: profética de la Segunda Venida de Cristo (y reunión de Israel).

Expiación: profética de la expiación nacional de Israel al arrepentirse y recibir a Jesús.

Tabernáculos: profética del reinado terrenal de Cristo.

Las profecías de Jesús mismo

La muchas profecías que dijo Jesús mismo son importantes porque:

1. La perfecta exactitud verifica que la profecía venía «de Dios» (Deuteronomio 18.19-22).

2. Puesto que afirmó ser el Mesías y el Hijo de Dios, esto verifica las afirmaciones de Jesucristo.

Las profecías de Jesús incluyen varias que fueron verificadas inmediatamente por los que le rodeaban (por ejemplo, Jesús le dijo a un centurión que su siervo sanaría; Mateo 8.5-13). Otras profecías se refieren al juicio, al cielo o al fin del mundo. Jesús les dijo a sus discípulos que su precisa profecía acerca de su muerte y resurrección sucedería así, de modo que cuando ocurriera creyeran que Él era el Mesías (Juan 13.19). Los judíos se dieron cuenta de que sólo Dios conoce el futuro.

Deuteronomio 18.19-22

Mas a cualquiera que no oyere mis palabras que él hablare en mi nombre, yo le pediré cuenta. El profeta que tuviere la presunción de hablar palabra en mi nombre, a quien yo no le haya mandado hablar, o que hablare en nombre de dioses ajenos, el tal profeta morirá. Y si dijeres en tu corazón: ¿Cómo conoceremos la palabra que Jehová no ha hablado?; si el profeta hablare en nombre de Jehová, y no se cumpliere lo que dijo, ni aconteciere, es palabra que Jehová no ha hablado; con presunción la habló el tal profeta; no tengas temor de él.

Las profecías de la resurrección de Jesús

1. Que sería *traicionado* (Mateo 26.21; Marcos 14.17-21; Lucas 22.21,22)

2. *Quién* le traicionaría

3. *Cuándo* sería traicionado

4. Que sus *discípulos le abandonarían*

5. Que *Pedro le negaría* tres veces (Mateo 26.33,34; Marcos 14.29,30; Lucas 22.31- 34)

6. Que sería *crucificado* (Juan 3.14-16; 12.32-34)

7. Que *moriría y luego resucitaría:*

   • Primera predicción   (Mateo 16.21-28; Marcos 8.31—9.1; Lucas 9.21-27)

   • Segunda predicción   (Mateo 20.17-19; Marcos 10.32-34; Lucas 18.31-34)

   • Tercera predicción   (Mateo 26.2-5; Marcos 14.1-9)

8. Que *al tercer día* resucitaría de los muertos

9. Que volvería de la muerte *para reunirse con sus discípulos en Galilea* (Mateo 26.32)

¿Fue física la resurrección?

Algunos (e incluso algunas organizaciones) han tratado de restar importancia o aun descartar la resurrección física de Jesús. ¿Por qué? Tal vez porque socava la afirmación de deidad que hizo Jesús. Un profeta debe ser el cien por ciento exacto para ser un profeta de Dios, y claramente Jesús indicó que resucitaría físicamente de los muertos (Juan 2.19-22). O tal vez la gente quiere disminuir el papel y el poder de Jesús. Los hechos indican claramente que la resurrección fue tanto real como física.

La resurrección fue un evento *de alta* significación para los judíos en la región. Los saduceos y fariseos debatían ferozmente sobre el concepto de la resurrección mucho antes de Jesús. Después del primer domingo de resurrección la gente discutía sobre el tema, algunos fueron echados en la cárcel por esto, e incluso muchos murieron. En los días que siguieron inmediatamente después de la resurrección no había duda de que *muchas* personas creían que Jesús apareció de nuevo en forma física.

¿Penetró Jesús por las paredes?

Algunas personas leen la Biblia y concluyen que Jesús debe haber podido pasar por las paredes (Juan 20.19). Tal vez lo hizo.

En primer lugar, debe recalcarse que la Biblia no indica específicamente que Jesús haya atravesado paredes. Apareció en un cuarto con las puertas cerradas, lo que puede haber incluido que haya llamado y luego entrado en la habitación.

Sin embargo, es muy concebible, tal vez incluso probable, que Jesús en realidad pasó por las paredes. La física cuántica ahora sugiere que hay varias dimensiones más allá de las cuatro que conocemos. Comprender estas dimensiones [6, 8] nos ayuda a comprender cómo un Dios sobrenatural (Jesús) puede haber «atravesado paredes».

Los relatos registrados en el Nuevo Testamento resistieron la prueba del examen de los testigos oculares. Sus contemporáneos podrían fácilmente haberlos puesto en tela de duda. En los primeros días, no hay registro de nadie que afirme que Jesús fue una aparición (fastasma), una alucinación masiva o cualquier otra clase de «ser simplemente espiritual». Para que la resurrección tenga algún significado de importancia, tenía que ser una resurrección del cuerpo, como Jesús mismo lo indicó. Varias referencias respaldan esto.

Comer, beber, tocar

¿Puede un espíritu comer? ¿Beber? ¿Tocar? No hay evidencia histórica de ninguna forma de espíritu que tome funciones humanas a menos que se haga humano primero (por ejemplo, ángeles que se hacen humanos).

Jesús, por otro lado, específicamente hizo hincapié en verificar su existencia física al comer y beber *después* de su resurrección (Lucas 24.37-43).

¿Puede un espíritu o alucinación ser tocado o palpado? Tomás, el más dudoso de los discípulos, creía por cierto que tocar era un criterio primordial para tener «prueba». Jesús específicamente apareció a Tomás (y a los otros), invitándole a que viera las huellas de los clavos en sus manos y que *tocara* su costado (Juan 20.25-28).

Jesús: ¿fue Dios?

Los cristianos afirman que Jesús fue (en realidad) Dios que apareció en el mundo en carne humana. El concepto cristiano del Dios único del universo incluye tres partes distintivamente diferentes, y sin embargo inextricables: el Padre, el Hijo (Jesús) y el Espíritu Santo. Aun cuando es algo difícil de comprender, se han hecho analogías al H_2O que puede existir como agua, hielo y gas... o a la luz, que tiene propiedades cuánticas, ondulantes y físicas.

¿Pensaba Jesús que era Dios?

Muchas veces Jesús se refirió a su propia deidad, tanto directa como indirectamente. Aun cuando Jesús confirmó que era el Mesías (Marcos 14.62,63), no usó el término *Mesías* para referirse a sí mismo, tal vez para diferenciar su deidad de la expectación ampliamente extendida de un Mesías *humano*. Jesús usó las expresiones «Hijo del hombre» e «Hijo de Dios» a menudo. Ambas se referían a su naturaleza divina (Daniel 7.13,14; Mateo 26.63,64). Jesús también usó la expresión específica *Yo soy (Ego eimí,* en griego; *ani bu,* en hebreo) en varias ocasiones (por ejemplo, en Juan 8.56-58). Dios usó estas mismas palabras para describirse a Moisés. Jesús también indica específicamente que Él y Dios son «uno» (Juan 10.30).

Y Jesús claramente indicó que tenía autoridad sobre asuntos controlados sólo por Dios, tales como el perdón de pecados (Marcos 2.5-10), el poder eterno de sus palabras (Mateo 24.35), y la recepción de gloria (Juan 17.5). Tal vez igual de significativo fue la aceptación de adoración de Jesús (Lucas 5.8; Juan 20.28). El fundamento intensamente monoteísta de los judíos hubiera prohibido en forma absoluta cualquier adoración de cualquier cosa que no fuera el Dios único y verdadero. El análisis global de la vida de Jesús: Sus milagros de compasión, su estilo de vida perfecto, y su amor, indica que sus afirmaciones son dignas de confianza, y tal vez la más fuerte evidencia de su divinidad.

¿Consideraron otros que Jesús era Dios?

Los discípulos claramente llegaron a ver a Jesús como Dios en carne humana, y le adoraron como tal (Lucas 5.8; Juan 20.28). Por cierto, el haber presenciado la resurrección y la transfiguración (Mateo 17.1–5) proveyó evidencia irrefutable para ellos. Los escritores del Nuevo Testamento y los primeros escritos cristianos definen a Jesús como Dios . . . *nuestro Señor* . . . *aquí en la tierra (1 Corintios 8.6; 1 Timoteo 2.5).*

¿Hay alguna otra evidencia de deidad?

Muchos dicen que los milagros de Jesús son evidencia de deidad. Pero se ha registrado que otros individuos también realizan milagros (en la Biblia y en otras partes). La Biblia afirma que el perfecto cumplimiento de la profecía demuestra la intervención de Dios (Deuteronomio 18.21,22). Las probabilidades de que todas las profecías del Antiguo Testamento sobre Jesús se cumplan en *algún* hombre sin la intervención divina están más allá de la probabilidad estadística (pp. 24–27). Y Jesús profetizó con perfecta exactitud respecto a tales cosas como el preciso momento de su muerte, la manera detallada de su muerte, su resurrección y su aparición posterior en Galilea. La perfección profética, combinada con su afirmación de ser Dios verifica la deidad de Jesús.

¿Por qué las personas rechazan a Jesús?

La evidencia respecto a Jesús es tan abrumadora que parece increíble que tantas personas todavía lo rechacen. Después de todo, la promesa de paz interior, gozo en la tierra y vida eterna en el cielo no son malas promesas... y son fáciles y gratuitas. El rechazo del Mesías, sin embargo, no debe ser sorpresa. Esto se profetizó a menudo (Isaías 53.1-3; Salmo 118.22; Mateo 21.42-46; Lucas 16.19-31).

Ignorancia: Tal vez la mayor razón para no creer en Jesús es la ignorancia. La mayoría de las personas dedican demasiado poco tiempo para investigar sus creencias religiosas. Como resultado, la opinión del mundo con frecuencia llega a ser la base para el asunto más importante de la vida. Las nociones sobre Jesús pueden proceder de la creencia de la familia, amigos, o de alguna iglesia dominante en la comunidad. Las personas a veces piensan que una iglesia enseña el cristianismo bíblico cuando no es así. Somos individualmente responsables por comparar las enseñanzas con la Biblia. Al fin de cuentas, no importa cuál sea la razón si uno está equivocado. Tampoco importa la sinceridad. Como la historia ha demostrado a menudo, la gente puede ser muy sincera, y sin embargo sinceramente equivocada.

Apatía: Muchas veces las personas tienen un falso sentido de seguridad de que Dios salvará a todo el mundo. Esta idea a veces va acompañada del pensamiento de que el infierno no existe, o que Dios, sea como sea, enviará al cielo a todo el mundo «que trata de ser bueno». La Biblia revela que las promesas de Dios están reservadas para *su pueblo,* y que hay muchas razones por las que otros «no oyen» (Mateo 13.11-43). La realidad y horror del infierno se indican claramente, así como la senda estrecha que lleva al cielo, y que está disponible para todos (Mateo 7.13).

Temor: Algunos temen que convertirse en creyentes quiere decir «abandonar la diversión» o vivir en una vida extraña, de reclusión, sin amigos.

En ninguna parte la Biblia dice que debemos empezar una vida sin lustre y alejarnos de tener reuniones con otras personas. Dice lo opuesto. La Biblia promete que conocer a Jesús nos permitirá vivir a plenitud (Juan 10.10). Y esa libertad no sólo nos llevará a divertirnos con amigos, sino que la Biblia dice que incluso los ángeles en el cielo hacen fiesta cuando recibimos a Jesús como Señor (Lucas 15.10).

Tradición: Esta razón para rechazar a Jesús a menudo es la más fuerte. Pero cada uno es responsable por sus propias acciones. Incluso la sociedad no envía a la cárcel a los padres por los crímenes de los hijos. Jesús sabía que, en ocasiones, Él sería la causa de que las personas se alejaran de las creencias tradicionales de sus familias (Mateo 10.21,22).

La influencia del mal

Comprender plenamente por qué las personas rechazan a Jesús requiere reconocer la existencia de agentes sobrenaturales del mal, que son tan reales como Dios y los agentes del bien. La Biblia reconoce ampliamente a los demonios, a Satanás, y a la influencia engañosa del mal. El objetivo del mal es hacer todo lo que sea posible para alejar a las personas de Jesús. Un paso fuera del sendero es todo lo que se necesita, como por ejemplo una «clase» diferente de Jesús, o una resistencia obstinada a pedirle que dirija nuestra vida. Y el mundo está lleno de este mal que trata de alejarnos. Pero pedir sinceramente a Dios que nos revele la verdad vencerá al mal (pp. 46–47).

Respuestas a preguntas comunes

¿Cómo sabemos que la Biblia es exacta?

Primero, la integridad de los manuscritos bíblicos originales ha quedado demostrada por el vasto número de *manuscritos,* copiados con precisión durante el tiempo de los testigos oculares y verificados como sin cambio por los Rollos del Mar Muerto (pp. 14-15). En segundo lugar, la *arqueología* ha demostrado completa consistencia con lo que conocemos como la historia del mundo. En tercer lugar, cientos de *profecías* antiguas contenidas en la Biblia, que demuestran el cien por ciento de exactitud, indican dirección y precisión divinas (pp. 24-27). Finalmente, la Biblia es cien por ciento consistente con los hechos establecidos de la *ciencia* . . . corroborados por muchos de los mejores científicos del mundo actual.

¿Por qué algunas personas afirman que la Biblia tiene contradicciones?

Después de cientos de años de desafío, la precisión de la Biblia ha resistido la prueba del tiempo. Tipos comunes de malos entendidos incluyen:

1. *Detalles que una vez parecían contradecir la ciencia o la arqueología.* A menudo nuestra información es demasiado limitada para saber que la Biblia tiene razón. Por muchos años los eruditos creyeron que la tierra era plana, mientras que la Biblia indicaba que tiene forma esférica. Igualmente, los críticos se mofaban de la mención de los primero heteos, o de ciudades como Sodoma y Gomorra; por lo que se consideraba todo eso como inexistente, y sin embargo es verificado como un hecho actualmente. Los científicos han «demostrado» recientemente la definición que Einstein dio del universo (consistente con la Biblia), que ha superado a la noción más limitada de Newton.[6] La lista sigue interminablemente. Conforme la arqueología y la ciencia aprenden más, la Biblia se verifica y todavía queda por demostrarse que esté equivocada en algo.

2. *Diferentes relatos por diferentes autores.* Detalles contenidos en los diferentes Evangelios pueden parecer a primera vista contradictorios. Sin em-

bargo, los relatos simplemente informan los eventos desde diferentes puntos de vista. Por ejemplo, Mateo registra que María Magdalena y «la otra María» fueron a la tumba. Marcos apunta que María Magdalena; María, madre de Jacobo y Salomé, iban a la tumba. Lucas registra a «las mujeres», y Juan anota a María Magdalena. ¿Son contradictorios los informes? No. Diferentes personas informaron diferentes datos. Colocados lado a lado, simplemente nos dan un cuadro más completo de lo que ocurrió.

La visita cronológica a *la tumba* [9]

Las tres mujeres fueron a la tumba, vieron a «un joven» que les habló de la resurrección y también les dijo que fueran a decirlo a los discípulos. Ellas se fueron y volvieron con Pedro y Juan, quienes vieron la tumba. Los discípulos entonces «volvieron» a su casa y las mujeres se quedaron. En esos momentos Jesús, se apareció a María Magdalena.

Como los testigos de los eventos actuales, cuando todo el testimonio se reúne, tiene perfecto sentido y se da un cuadro mucho más completo.

¿Son reales el cielo y el infierno?

En muchos de sus sesenta y seis libros la Biblia habla ampliamente del cielo, el infierno, Satanás, ángeles y demonios. Las encuestas muestran que muchas más personas creen en el cielo que en el infierno. Algunas religiones no bíblicas niegan que el infierno exista. Sin embargo, Jesús en realidad habló más acerca del infierno que del cielo. Así que *no* sería sabio ignorar el infierno. La parábola de Jesús registrada en Lucas 16.19-31 nos da una advertencia muy incisiva respecto al cielo y al infierno.

¿Qué dice la Biblia sobre el cielo y el infierno?

Cielo	Infierno
Maravilloso	Tormento eterno
(2 Corintios 12.1-4)	(Marcos 9.43-49)
Digno de dejarlo todo	Separación de Dios
(Mateo 13.44-46)	(Lucas 16.19-31)
Lugar donde mora Dios	Lugar donde mora Satanás
(Deuteronomio 26.15)	(Apocalipsis 20.10)
Perfecto; no hay dolor	Lleno de aflicción
(Apocalipsis 21.1-4)	(2 Pedro 2.4-9)

Parecería maravilloso si hubiera solo una senda al cielo y no infierno. No es sorpresa que los falsos profetas que intentan diseñar religiones para los deseos del hombre tratan de eliminar el infierno, o convencer al hombre de que él es Dios. La Biblia es específica respecto al camino al cielo, e indica que otros caminos llevan al infierno.

¿Cómo sabemos cuál religión es la correcta?

Ninguna religión es la «correcta» en sí misma o por sí misma. La Biblia trata de la relación del hombre con Dios, la manera correcta y la manera equivocada. Cualquier religión que es totalmente consistente con las enseñanzas de la Biblia es correcta. Cualquiera con enseñanzas contrarias a la Biblia es incorrecta.

Así que la confiabilidad de la Biblia como pauta es vital. Como se ha indicado, los manuscritos bíblicos originales son un milagro en sí mismos y por sí mismos. La evidencia de su confiabilidad incluye: (1) una explosión de escritos creíbles, corroborativos, (2) verificables *al tiempo* por testigos oculares, (3) con testigos oculares que murieron por un testimonio que podían afirmar que era verdad, y (4) con muchas otras personas, capaces de saber los hechos históricos, que también murieron por las mismas creencias. Si el Nuevo Testamento es verdad, el Antiguo Testamento también queda verificado ampliamente por Jesús (Lucas 16.16,17) por más de setecientas referencias cruzadas, por la evidencia de los Rollos del Mar Muerto, y por la «prueba matemática» de cientos de profecías.

Un problema surge cuando el hombre empieza a cambiar o añadir a la Biblia. Varias cosas indicarían que tal inspiración no viene de Dios. Primero, la Biblia nos ordena no añadirle, quitarle, ni cambiarle nada (Apocalipsis 22.18,19). En segundo lugar, Jesús verificó que no cambiaría (Lucas 16.17). Tercero, ¿por qué razón un Dios perfecto cambiaría su palabra original y perfecta? La Biblia es muy clara en que el camino al cielo es definido como Cristo:

| Juan 14.6-9 | Mateo 27.51-53 | Juan 3.16 | Efesios 2.8 |
| Hechos 4.12 | Colosenses 1.15-23 | Juan 6.48-58 | Hebreos 10.26-31 |

Evitar dioses falsos.—La Biblia advierte contra los siguientes dioses falsos:

- Un dios que *no es un solo* Dios del universo (que *no* tiene iguales; incluyendo el hombre) *no* es el Dios de la Biblia (1 Timoteo 2.5; Isaías 44.6).

- Un dios que *no* se manifiesta como Dios el Padre, Dios el Hijo, y Dios el Espíritu Santo, *no* es el Dios de la Biblia (Lucas 12.8-10; Juan 1.1,2,14; Hechos 5.3,4).

- Un dios que *no* proclama a Jesucristo como el sacrificio sumo por la redención de los que se entregan a él, *no* es el Dios de la Biblia (Mateo 27.51-53; Marcos 14.24; Juan 6.48-58; Hechos 4.12; Colosenses 1.15-23).

¿Cómo podemos asegurarnos de la relación debida para ir al cielo?

Cuando Jesús dijo que no todos los que usan su nombre entrarán al cielo (Mateo 7.21-23), se refería a las personas que piensan que usar el nombre de Cristo junto con ritos y reglas es la clave para ir al cielo. Una *relación* con Dios *no* se basa en ritos o reglas. Se basa en gracia y perdón, y la debida relación con Él.

¿Cómo tener una relación personal con Dios?

1. *Crea que Dios existe* y que vino a la tierra en la forma humana de Jesucristo (Juan 3.16; Romanos 10.9).

2. *Reciba el perdón que Dios ofrece gratuitamente* de los pecados mediante la muerte y resurrección de Jesucristo (Efesios 2.8-10; 1.7,8).

3. *Cambie al plan de Dios para su vida* (1 Pedro 1.21-23; Efesios 2.1-5).

4. *Exprese su deseo de que Cristo sea el director de su vida* (Mateo 7.21-27; 1 Juan 4.15).

Oración por la vida eterna con Dios

«Amado Dios: Creo que enviaste a tu Hijo, Jesús, para morir por mis pecados, a fin de que pueda ser perdonado. Me arrepiento de mis pecados, y quiero vivir el resto de mi vida de la manera que Tú quieres que viva. Por favor, pon tu Espíritu en mi vida para dirigirme. Amén».

Entonces, ¿qué?

Las personas que sinceramente dan los pasos indicados, automáticamente llegan a ser miembros de la familia de creyentes de Dios. Un nuevo mundo de libertad y fortaleza está disponible entonces mediante la oración y la obediencia a la voluntad de Dios. Los nuevos creyentes también pueden cultivar su relación personal con Dios al dar los siguientes pasos:

- Hallar una iglesia que se base en la Biblia que le guste, y asistir regularmente.
- Tratar de separar un tiempo cada día para orar y leer la Biblia.
- Hallar a otros creyentes y pasar tiempo con ellos regularmente.

Promesas de Dios a los creyentes

Para hoy

«Mas buscad primeramente el reino de Dios y su justicia, y todas estas cosas os serán añadidas».

(Mateo 6.33)

Para la eternidad

«El que cree en el Hijo tiene vida eterna; pero el que rehúsa creer en el Hijo no verá la vida, sino que la ira de Dios está sobre él».

(Juan 3.36)

Una vez que desarrollemos una perspectiva eterna, incluso los más grandes problemas de la tierra pierden importancia.

Notas

1. Elwell, Walter, A. *Evangelical Dictionary of Theology*, Baker Books, Grand Rapids, MI, 1984.
2. Green, Michael. *Who Is This Jesus?* Thomas Nelson, Nashville, 1992.
3. Hoehner, Harold .W. *Chronological Aspects of the Life of Chris*, Zondervan, Grand Rapids,MI, 1975.
4. McDowell, Josh y Wilson, Bill. *A Ready Defense*, Here's Life Publishers, Inc.,San Bernardino, CA, 1990.
5. McRay, John. *Archaeology and the New Testament*, Baker Book House, Grand Rapids, MI, 1991.
6. Muncaster, Ralph O. *The Bible—Scientific Insights,*. Strong Basis to Believe, Mission Viejo, CA, 1996.
7. Rosen, Moishe. *Y'shua*, Moody Bible Institute, Chicago, 1982.
8. Ross, Hugh, Ph. D. *Beyond the Cosmos*, Navpress, Colorado Springs, CO, 1996.
9. Smith, F. LaGard. *The Daily Bible in Chronological Order*, Harvest House, Eugene, OR, 1984.

Bibliografía

Encyclopedia Británica, Chicago, 1993.

Free, Joseph P. y Vos, Howard F. *Archaeology and Bible History*, Zondervan, Grand Rapids, MI, 1969.

Freemanj, James. M. *Manners and Customs of the Bible*, Logos International, Plainfield, NJ, 1972.

Hanegraaff, Hank y Geisler, Norman. *The Battle for the Resurrection*, cinta grabada, Christian Research Institute, San Juan Capistrano, CA.

Josephus, Flavius. *The Complete Works of Josephus*. Wm. Whiston, trans. Kregel, Grand Rapids, MI, 1981.

Keely, Robin. *Jesus 2000*, Lion Publishing plc, Batavia, IL, 1989.

McDowell, Josh y Wilson, Bill. *He Walked Among Us*. Thomas Nelson, Inc., Nashville, 1993.

Missler, Chuck. *The Feast of Israel*, cinta grabada, Koinonia House Inc., Coeur d'Alene, ID, 1994.

Reader's Digest. *ABC's of the Bible*, Pleasantville, NY, 1991.

Reader's Digest. *Who's Who in the Bible*, Pleasantville, NY, 1994.

Rosen, Cecil y Moishe. *Christ in the Passover*, Moody Press, Chicago, 1978.

Ross, Hugh, Ph.D. *The Fingerprint of God*, Promise Publishing Co., Orange, CA, 1989.

Shanks, Hershel, ed. *Understanding the Dead Sea Scrolls*, Vintage Books, New York, 1993.

Shepherd, Coulson. *Jewish Holy Days*, Louizeaux Brothers, Neptune, NJ, 1961.

Strauss, Lehman. *God's Prophetic Calendar*, Louizeaux Brothers, Neptune, NJ, 1987.

Walvoord, John F. *The Prophecy Knowledge Handbook*, Victor Books, Wheaton. IL, 1984.